AF458817

LETTRE D'AMOLO ARCHEVESQVE DE LYON, A GOTESCALCH.

Où il l'exhorte à la vraye creance & aux bonnes mœurs.

A PARIS,
Chez IEAN HENAVLT, au Palais, dans la Salle Dauphine, à l'Ange Gardien.

M. DC. L.

Auec Permission.

ADVIS AV LECTEVR.

CEtte lettre, mon cher Lecteur, m'estant tombée entre les mains, apres l'impression qui en a esté nouuellement faite, par vn des plus doctes & des plus polis de nostre siecle, & contenant vn souuerain remede contre la maladie de certains esprits du temps, qui se plaisent aux nouueautez, & font professiõ de les embrasser & de les suiure, quoy que quelques-vns d'entr'eux reconnoiſsēt bien qu'ils agiſſent contre les lumieres que Dieu leur donne, & contre les reproches de leur cōſcience qui les accuſe de defendre vne mauuaiſe cauſe, & de combatre la verité reconnuë, & toutefois ſe laiſſent pluſtoſt emporter au cours du torrent par compagnie ou par intereſt, qu'ils ne le ſuiuent par inclination & par humeur. I'ay iugé à propos d'en faire part au public, pour la conſolation des perſonnes qui n'entendent pas la langue latine, & qui neantmoins n'eſtans touchées que de l'amour de la verité, feront rauies de la voir paroître cõme triomphante dans les eſcrits d'vn des grands hommes du huitiéme ſiecle. C'eſt Amolo qui gouuerna l'Egliſe de Lyon, apres Agobard, ſous le regne de Charles le Chauue, & de Lothaire, & qui fut, au rapport de l'Abbé

Tritheme, bien versé en l'intelligence de l'Escriture; & mesme à qui si ie donnois le nom de saint, ie ne croirois pas faillir, ou ma faute, ce me semble, ne me seroit que trop pardonnable, puisque ie ne le traitterois de la sorte, qu'apres le Martyrologe de Lyon, & les autres monumens de l'Eglise de S. Irenée Archeuesque de la mesme ville. Il escriuit cette Lettre à vn certain frere Gotheschalch, assez décrié pour ſa vie & pour ſes erreurs , dont il ne voulut iamais ſe dédire, comme nous aſſeure Hincmans Archeueſque de Rheims qui viuoit de ſon temps , ny en faire abiuratiō, auant ſa mort: & par ce moyen nous reconnoiſſons que ce ſaint perſonnage perdit ſa peine , & ne gaigna rien par ſes puiſſantes raiſons, ny par ſes douces & paternelles remontrances ſur l'obſtination de cét eſprit. I'eſpere, mon cher lecteur, que cét illuſtre Prelat ſera plus heureux en la lecture que vous ferez de ſon ouurage ; & que ſi vous eſtes dans ſes ſentimens, qui ſont les ſentimens communs de l'Egliſe, vous y ſerez encore plus affermy par les meſmes raiſons & par les meſmes remontrances ; & ſi par mal-heur vous en eſtiez éloigné, elles ſeront capables de vous reduire à la vraye creance, & de vous remettre au droit chemin.

TABLE

Des points qu'Amolo reprend en Gothescalch.

1. *DE ce qu'il enseigne, que ceux qui sont rachetez du sang de Iesus-Christ, ne peuuent perir.*

2. *Que le Baptesme & les autres Sacremens sont donnez en vain, & par maniere d'acquit, à ceux qui perissent, apres les auoir receus.*

3. *Que les Fidelles qui perissent, n'ont iamais esté incorporez à Iesus-Christ, ny à l'Eglise, dans la regeneration du Baptesme.*

4. *Que tous les reprouuez sont tellement predestinez de Dieu à la damnation eternelle, qu'il n'a point esté, & n'est pas encore au pouuoir d'aucun, d'estre sauué.*

5. *Que la damnation estant resoluë & ineuitable aux reprouuez, ils*

B

Quoy que Gothescalch soustienne auec vne grande & opiniâtre obstination, que ceux qui sont rachetez du sang de Iesus-Christ, ne peuuent perir, cependant quelques-vns perissent, ou à cause qu'ils retournent à l'infidelité, ou parce qu'ils meurent dans l'iniquité.

Hincmarus de Prædestin. c. 34.

LETTRE D'AMOLO ARCHEVESQVE DE LYON A GOTHESCALCH.

Amolo indigne Prelat de l'Eglise de Lyon, A mon tres-chere frere Gothescalch,

SALVT.

SI d'abord ie vous traite du nom de frere, vous que l'on tient pour ennemy de l'vnion & de la charité fraternelle, ie me sens porté à en vser de la sorte, auec la faueur diuine, par le mouuement de la mesme charité que l'Escriture nous recõmande en ces termes, *Dittes à ceux qui vous hayssent, vous estes nos freres!* Isai. 66. 5. Car encore que cette vnion perisse dans

l'ame de ceux qui ont de la haine, nous ne deuons pas pourtant laisser refroidir, ou perir en nous, le feu de cette Charité. Que si ie vous appelle non seulement frere, mais aussi mon tres-cher frere, Nostre Seign. m'est tesmoin que c'est à cause que ie vous aime de cœur, que ie vous desire le mesme bon-heur qu'à moy mesme, & vous souhaitte le salut tant pour cette vie que pour l'autre, par le motif du zele de l'honneur diuin & de la Pieté, qui est comme dit
1. Tim. 4. 8. S. Paul, *auantageuse à toutes choses, auec promesse de la vie presente, & de la future.* Certes lors que i'ay ouy dire ce qui est contenu en vos escrits, & dont vous auez prié instamment vn de nos freres de me donner la connoissance, i'ay demeuré long-temps en doute, si ie

deuois vous faire réponse, vous considerant comme vn homme accusé d'auoir de nouueaux sentimens, & d'introduire des erreurs assez considerables dans l'Eglise, & mesme condamné, comme i'apprens, à raison de son opiniâtre obstination, par l'authorité d'vn Concile. Car i'estimois que ce seroit me rendre importun & mesme, en quelque sorte, temeraire, si i'entreprenois de dire mon auis dans vne affaire que la prudéce de nos venerables freres auroit examinée & concluë definitiuement. D'ailleurs il sembloit que le refus d'vne réponse à vne priere faite auec tant d'instance, seroit contre le deuoir de la Pieté & de la charité Chrestienne, qui est le principal moyen d'accóplir la loy de Nostre Seigneur; con-

formément au tesmoignage &
la recommandation de l'Apostre,
Gal.6. 2. qui dit ; *supportez la charge l'vn de
l'autre, & par ce moyen vous accom-
plirez la loy de N. S.* Puis, ayant
1.Cor.9 22. dit de luy mesme, *ie me suis rendu
infirme auec les infirmes, pour gagner
les infirmes à Dieu, & me suis ac-
commodé à tous, pour les sauuer tous* ;
1.Cor.10. 33. & vn peu apres ; *ie ne cherche pas
mon interest, mais celuy de plusieurs,
pour les sauuer* ; incontinant afin
de former nos mœurs sur le mo-
delle de son exemple, & de celuy
1.Cor.11. 1. de N.S. il adiouste ; *Soyez mes imitateurs, cõme ie le suis du fils de Dieu*!
Car il est le vray & le pitoyable
Samaritain qui se laissa toucher
de compassion à la veuë de ce
pauure homme, lequel descen-
dant de Hierusalem en Hierico
fut pris sur le chemin & maltraité
par

par les voleurs qui le dépoüillerent, le couurirent de playes, & le laisserent demy-mort; mais en ayant pitié, il mit le premier appareil sur ses playes par vne infusion de vin & d'huile, & nous ordonna d'estre les imitateurs d'vne si grande charité, lors qu'à la fin de la parabole il dit à chacun de nous en particulier; *Allez & faittes le mesme*! Par où il montroit clairement, que celuy qui a le cœur tendre & la main promte au soulagement des necessitez de son frere, merite auec raison le nom de prochain, & de veritable imitateur de ses vertus. Voila le motif qui me porte à ce deuoir, auec la confiance que i'ay en la charité de nos venerables freres, à qui ie demeure vny en N. S. à la faueur de ce lien sacré, en vertu

Luc. 10. 37.

duquel les charges de nos ministeres nous ſont communes, tellement que l'eſprit d'vnion me donne part à leurs biens, & ſi la bonté diuine en a mis quelques-vns en moy, le meſme eſprit les en fait participans. C'eſt pourquoy i'ay iugé à propos de vous faire vn mot de réponſe, de peur que l'obſtination de mon ſilence ne fut priſe pour vne marque de défiance en leur endroit, ou pour vn refus du ſecours que ie vous dois, dans l'inquietude, & dans l'affliction où vous eſtes. Ie prie donc N. S. de nous donner vne continuelle & puiſſante Grace, à moy pour vous inſtruire & vous conſoler auec profit, à vous pour ouyr auec tranquillité de cœur mes paroles, & les receuoir en eſprit d'humilité & de douceur, à

fin qu'ayant mis bas toute aigreur d'animosité & de dispute, vous les goûtiez non comme paroles qui viennent de mon esprit, mais comme oracles qui viennent de Dieu & des Saincts Peres, soûmettant auec vne respectueuse & sincere Pieté vostre sentiment à leurs instructions & à leurs ordres : parce que selon l'Escriture qui est veritable & la Regle de la verité, *il y a de certaines* Prou. 16
voyes qui semblent droites à l'hom- 25.
me, & ne laissent pas de conduire & d'aboutir à la mort ; Elle dit encore, *que quiconque se fie en ses pensées,* Prou.
agit en impie ! Pour cette raison 12. 2.
elle donne ailleurs ce mot d'auis,
Ne vous fiez pas en vostre Prudence! Prou. 3.
Or S. Ephrem, qui estoit vn hom- 5.
me d'admirable Sainteté & d'eminente doctrine, declara suffi-

sammment, combien ce malheur est à euiter, lors qu'à la derniere heure de sa vie, il auertit en ces termes serieux & graues, l'vn de ses disciples qui assistoit à sa mort, & auoit vn esprit subtil, mais vn peu trop curieux; donnez vous de garde, mon cher Paulin, d'obeir iamais aux pensées de vostre cœur, ny aux inuentions de vostre esprit! Mais l'Escriture nous apprend encore, le bon-heur qui vient de l'obeïssance, & le malheur qui procede de l'obstinatió, lors qu'elle dit par la bouche du
1. Reg. 15. 22. Prophete Samuel; *l'obeïssance est meilleure que les sacrifices, & la promptitude de l'obeissance que l'oblation des victimes, dautant que c'est comme aller au deuin, de resister aux Superieurs, & comme tomber en idolatrie de ne vouloir acquiescer*

à leurs ordres! Pour la mesme raison, si vous souhaitez d'estre veritable & pacifique enfant de l'Eglise, ne vous fiez pas à vostre propre sentiment, mais soyez souple aux decrets des Peres, ou plutost rendez-vous, sans differer dauantage, aux ordres de Dieu, & acquiescez auec humilité de cœur, à l'authorité de l'Eglise, afin que l'esprit de Dieu demeure en vous, selon le tesmoignage de N. S. qui dit par son Prophete; *Sur* *Isai.66.2.*
qui reposera mon esprit, sinon sur l'ame humble & paisible qui tremble au moindre son de mes paroles? Certes nous voyons que ces derniers & dangereux temps, qui ont autresfois esté predits par l'Apostre, sont pleins d'esprits ignorans & foibles qui nous donnent suiet de nous souuenir auec crainte de

cette effroyable parole de Nostre
Matt. 18.6. Seigneur ; *Quiconque scandalisera l'vn de ces petits qui croyent en moy, il seroit pour luy plus expediét d'auoir vne meule de moulin attachée au col, & d'estre precipité au fond de la mer!*
Ibid. 7. Puis il aioûte, *Malheur au monde, à raison des scandales qu'il donne; car il est necessaire qu'il arriue des scandales, mais malheur à l'homme qui en est l'Autheur!* Or nous deuons aussi nous garder d'vne certaine demangeaison d'oreille, & de langue, de peur de nous porter legerement à ouyr, ou à dire des nouueautez : parce que l'Apostre condamne egalement cette demangeaison curieuse, & ces profanes nouueautez de mots; & donnant auis qu'il faut euiter les oppositions d'vne science qui est aussi vaine, comme elle est fausse,

il aioûte incontinent, *que quelques-vns promettans vne telle science, ont perdu la foy!* Lors que vous estiez encore en Alemagne, nous auons ouy de tres-mauuais bruits qui couroient de vous, & portoient que vous estiez vn semeur de nouueautez, & vn debiteur de questions friuoles & extrauagantes. En suite, quelques honorables Ecclesiastiques ont pris la peine de m'enuoyer vn escrit de vostre main, où vous declarez ouuertement & assez au long, & mesme comme vous croyez par les tesmoignages de l'Escriture & des Saincts Peres, vostre sentiment touchant la doctrine que vous enseignez. Nous venons mesme presentement de receuoir de vostre part vn autre escrit assez ample, que vous semblez

1. Tim. 6. 21.

auoir fait pour les Eueſques, ou plutoſt contre les Eueſques qui ont aſſiſté au Concile, où vous auez eſté condamné. Dans cet eſcrit vous auez fait tous vos efforts pour declarer au vray voſtre ſentiment, touchant vn ſeul poinct, qui eſt de la Predeſtination diuine. Ainſi par l'vn & l'autre eſcrit de voſtre main, ou que nous auons receu de vous meſme, ou que d'autres nous ont enuoyé, nous croyons auoir plainement conneû à quel peril, ou (ce qui eſt encore plus deplorable,) à quel naufrage eſt expoſée voſtre creance. C'eſt pourquoy il ſemble fort à propos, de faire vn petit recueil de toute cette longue liſte de vos eſcrits, afin de mettre par ordre en peu de mots ce que nous iugeons le moins confor-

conforme à la creance de l'Eglise, & ioindre en suite ce que l'Escriture enseigne au contraire, ce que l'Eglise croit fermement, & veut que l'on croye fidellement & salutairement en tout lieu. Mais il faut que vous obeïssiez sans contredit à sa doctrine & à ses sentimens, comme vn fils deuot & fidele, si vous desirez estre vn membre sain & viuant en son corps mystique, & n'en estre pas retraché auec les membres morts & pourris par le iugement d'vne rigoureuse & equitable sentence. Or pour obseruer en toutes choses l'ordre legitime & l'authorité de l'Eglise, nous auons addressé nostre discours à nostre Reuerendissime frere & tres-cher Amy vostre Metropolitain, plutost qu'à vous, qui par vostre mal-heureuſe & deplorable cheute auez merité les anathemes de l'Egliſe, nous confians en la bonté de N. S. qu'àpres la lecture de cet eſcrit & la veuë de la compaſſion que nous auons de voſtre mal-heur, ce digne Prelat ne ſera point émeu contre vous, mais aura des entrailles d'vn bon Pere, & des ſentimens d'vn charitable Paſteur pour vous, afin que vous meſme, ayant auſſi fait quelque ſerieuſe reflexion ſur cette lecture, & vous rendant auec la faueur diuine à la verité connuë, vous ne demeuriez pas plus long-temps éloigné du bercail, mais que comme vne autre brebis trouuée & rachetée au prix du ſang du bon & ſouuerain Paſteur, vous ſoyez rapporté ſur ſes épaules & remis heureuſement en ſon bercail, auec la joye des Anges, & l'applaudissement des hommes. Voicy donc les poincts que i'ay remarqué en vos escrits, comme contraires à la Foy Catholique, & dignes d'vne iuste censure, où en passant i'ay touché les remedes propres pour les reduire à la Regle de la verité.

En premier lieu, ie ne puis en aucune sorte approuuer la maxime que vous auancez, lors que vous dittes, que personne de ceux qui sont rachetez du sang de Iesus-Christ, ne peut perir. Car cette maxime est en deux sens fausse, & contraire à la Foy Catholique; l'vn si vous asseurez que personne d'entre les Chrestiens, apres auoir receu le Baptesme, & participé à la Redemption de Iesus-Christ, ne peut perir: ce qui

est contre l'Apostre qui preche
1. Cor. 6. 9. hautement, & maintient, *que les impies n'auront point de part au Royaume de Dieu*; & que ceux qui aurōt commis tels & tels crimes, n'entreront point en possession du Royaume de Dieu, ny de l'heredité de la gloire qui est au Royaume de Dieu! De ce nōbre sont encore ceux qui desauoüent par leur vie N. S. & qui ont suiet de trembler au son de cette terrible
Matth. 10. 35. menace; *Quiconque me desauouëra deuant les hommes, ie le desauouëray deuant mon Pere qui est au Ciel!* Ceux aussi qui n'ont qu'vne Foy vaine & infructueuse, dont il par-
Matt. 7. 21. le quand il dit, *Tous ceux qui se contentent de me dire, Seigneur, Seigneur, n'entreront pas au Royaume des Cieux!* Nō plus que ces folles Vierges qui s'oublierent de tenir

leurs lampes prestes, & d'y mettre de l'huile, & à qui pour cette insigne negligence il fermera la porte de son Royaume, & leur dira *ie vous declare que ie ne sçay qui vous estes*! L'autre sens est, si vous ne croyez pas, que tous ceux qui reçoiuent la Grace du saint Baptesme auec vne vraye Foy & deuotion, soient rachetez du sang de I. C. & mesme baptisez en la mort & au sang de Iesus-Christ; quoy qu'apres plusieurs d'entr'eux perissent, ou par heresie, ou par autre crime. Car cela est manifestement contraire au grand Apostre qui dit, *Nous tous qui sommes baptisez en Iesus-Christ, nous sommes baptisez en sa mort*! Et au bien-heureux Apostre & Euangeliste S. Iean qui dit du mesme Seigneur, *qu'il nous a cheris & la-*

Matt. 25. 12.

Rom. 6. 3.

Apoc. 1. 5.

uez des taches de nos pechez en son sang! Et au prince des Apostres, qui dit mesme des heretiques, lesquels apres le Baptesme de la Redemption de Iesus-Christ ont abandonné l'Eglise; *Ils renient celuy qui les a rachetez, attirans sur eux vne promte & irreparable damnation*! Et au mesme Seigneur qui dit aussi d'eux par son Prophete, *Ie les ay rachetez & ils ont proferé des mensonges contre moy*! Conformément donc a la creance de l'Eglise, des Apostres, des Prophetes, & de l'Euangile, tous ceux-cy approchans fidelement du saint Baptesme, ne sont point rachetez à autre prix qu'au prix du sang de N. S. Mais puisque plusieurs d'entr'eux rendent vaine & infructueuse cette mesme grace, & en suite perissent eternellemét, com-

2. Pe.2. 1.

Ose.7. 13.

ment se peut verifier vostre maxime, que personne de ceux qui sont rachetez au prix du sang de Iesus-Christ, ne peut perir?

En second lieu, ie ne puis non plus approuuer cette autre maxime que vous auancez, lors que vous dittes, qu'on donne en vain & par maniere d'acquit les veritables Sacremens & mysteres de l'Eglise, comme de l'Exorcisme, du Baptesme, du Chrême, de l'Eucharistie, & de l'Imposition des mains, à ceux qui perissent apres les auoir reçeuz ; quand vous niez qu'ils soient rachetez du sang de Iesus-Christ, sans lequel ces mesmes mysteres ne doiuent plus estre tenus pour mysteres ; mais pour des iouëts d'enfans & des amusemens inutiles ; puisque l'Apostre enseigne au contraire que ceux mesmes qui perissent sans ressource, sont veritablement rachetez, & reçoiuét l'effet veritable des diuins mysteres; lors

Hebr. 6. 4. qu'il asseure, *qu'il est impossible que ceux qui estans vne fois illuminez ont goûté la douceur du don celeste, de la possession du S. Esprit, de la parole diuine, & des vertus du siecle à venir, & neantmoins ont fait de grieues & de lourdes cheûtes, soient renouuellez pour faire encore vne fois Penitence, crucifians derechef le Fils de Dieu en eux mesmes*, & ce qui suit. Puis en vn autre

Hebr. 10. 29. chapitre il aioûte; *de combien plus rigoureux suplices croyez-vous digne celuy qui aura foulé aux pieds le Fils de Dieu, prophané le sang du Testament qui est cause de sa sanctification, & outragé l'esprit de la Grace?*

1. Cor. 8. 11. Et ailleurs il dit; *Et faut-il que vostre*

vostre conscience soit cause de la perte de vostre frere qui est infirme, & pour qui Iesus-Christ est mort? Tout cela est pour nous apprendre que la verité des mysteres receus auec fidelité produit sa vertu, & a son effet, mesme en ceux qui ne demeurent pas dans la verité de ces mysteres. Mais vous deuez aussi effectiuement recognoître, que cette Regle que vous apportez pour l'intelligence des Escritures qui concernent le corps veritable ou apparent de Iesus-Christ, d'où il semble que vous voulez comme authoriser vostre erreur, ne s'etend qu'à vne apparence de vie & de mœurs, & non pas (à Dieu ne plaise) à vne apparence des diuins mysteres & des Sacremens de l'Eglise.

En troisiéme lieu, ie ne puis

ſupporter que vous abuſiez ſi malicieuſement des teſmoignages de l'Eſcriture, & des paroles des ſaints Peres, que faute de les bien entendre, vous vous efforcez meſme par diuers détours de vous en ſeruir, pour authoriſer des maximes qui choquent ouuertement la verité & la Foy. Iuſques là que vous aſſeurez que les fidelles qui periſſent, ny lors qu'ils ont eſté baptiſez & offerts à Dieu, ou par d'autres en leur bas âge, ou par eux-meſmes dans vn âge plus auancé, n'ont point eſté incorporez à Ieſus-Chriſt, & à ſon Egliſe, ny ne ſont deuenus membres de la brebis cherchée & ſauuée, ny par conſequent n'ont iamais eſté Chreſtiens. Car comment ſeroit Chreſtien celuy qui n'eſt point incorporé à Ieſus-Chriſt, & n'eſt pas l'vn de ſes membres? Puiſ-

qu'aucontraire l'Apostre asseure, que ceux mesmes qui peuuent commettre des crimes enormes, & mourir dãs l'enormité de leurs crimes, sont membres du Fils de Dieu, & les Temples du S. Esprit, tandis qu'ils demeurent dans les termes de la fidelité & de l'innocence; *Nesçauez-vous pas*, dit il, *que vos corps sont membres du Fils* 1. Cor. 6. 15.
de Dieu? Quoy donc! prendray-je les membres du Fils de Dieu pour en faire des membres d'vne publique? Dieu m'en garde! Et ailleurs, *Ne* 1. Cor. 3. 16.
sçauez-vous pas que vous estes le Temple de Dieu, & que le S. Esprit demeure en vous? Or si quelqu'vn vient à violer le Temple de Dieu, Dieu le perdra!

En quatriéme lieu, ie ne puis aussi supporter vos farouches & impitoyables sentimens, ny vos barbares & cruelles maximes, lorsque parlant de la Predestination diuine en ce qui touche la condamnation des reprouuez, vous dittes que tous ceux qui au iour du iugement seront mis à la gauche du Souuerain Iuge & condamnez pour leurs demerites au feu eternel, auec le diable & ses mauuais anges, sont tellement predestinez de Dieu à la damnation, que pas vn d'eux n'a pû en aucune sorte, ny ne peut encore estre sauué. Or qu'est ce qu'vn blasphème horrible & execrable contre Dieu, sinon d'auoir ce sentiment & d'oser dire, que sa Predestination leur impose vne si fatale necessité de se perdre, qu'il n'est pas en leur pouuoir de faire ce qui peut contribuer à les sauuer? Mais nous n'auons garde

d'estre de ce sentiment, ny de receuoir cette maxime, de peur d'imputer la cause de la condamnation des reprouuez à Dieu mesme, qui les a voulu soûmettre à cét ordre, plutost qu'à eux qui ne l'ont pû euiter. Car l'Escriture s'oppose à cette erreur, ou plutost à cette impieté tres-inhumaine, lors que parlant du Createur elle dit, *qu'il n'a donné commission à* Eccli. 15
personne de pecher, ny vn temps où il 21.
luy fut permis de mal-faire! Ioint que la folie & l'extrauagance de ce mensonge est destruite mesme par le Souuerain Iuge des viuans & des morts, qui a predit qu'au dernier iour du Iugement il parleroit en ces termes à ceux qui seroient à sa gauche, *Retirez-vous* Matt.
maudits d'aupres de moy, au feu 25.47.
eternel, qui est preparé au diable &

à ses anges! Il aioûte incontinent la raison pourquoy ils meritent d'estre separez de luy, d'estre maudits, & associés au diable & à ses Anges dans vne eternité de suplices, non par vn preiugé de sa predestination, mais à cause de leur demerite, qu'il declare ou-
Ibid. uertement quand il dit; *parce que i'ay eu faim, & vous ne m'auez pas donné à manger, i'ay eu soif & vous ne m'auez pas donné à boire*, & ce qui suit. Par où l'on voit clairement qu'ils sont damnez, non pour n'auoir pû faire des œuures de salut, mais pour ne les auoir pas voulu faire. C'est pourquoy le Roy Prophete dit du mesme iuste
Psal. 6. 13. & souuerain Iuge, *qu'il rendra à chacun selon ses œuures*! Il ne dit pas, selon ses preiugez, comme cette folle & furieuse doctrine

s'efforce de maintenir, non pour autre dessein, que pour la ruine de ses Auditeurs. Puis que la Foy Catholique tient au contraire, que ny Lucifer mesme, ny ses Anges, n'ont iamais esté predestinez pour estre-tels; mais parce qu'ils ont voulu estre tels par leur faute, la Iustice diuine leur a preparé vne eternité de supplices. Car la puissance de Dieu n'est point cause des demerites ny des hommes peruers ny des mauuais Anges; mais eux mesmes sont Autheurs du mal qu'ils ont commis par leur propre volonté; quant à Dieu, il est le iuste vangeur des crimes, & l'equitable Autheur des peines qui leur seront ordonnées par sa iustice. Il a donc préueu de toute eternité leurs demerites à venir, mais sa preuoyance ou sa presciéce ne leur apporte aucune necessité qui les oblige à ne pouuoir faire autrement, puisqu'elle n'a fait que préuoir qu'ils ne voudroient pas faire autrement. Tout de mesme, il a preparé aux mauuais anges & aux hommes reprouuez vne eternité de peines, non qu'il soit cause de leur malice, ny de leur reprobation; mais ayant preueu qu'ils seroient tels par leur faute, doit-on trouuer étrange que dans son iuste iugement il leur ayt preparé vne eternité de suplices & de flãmes, & que ceux qui ont peché par leur volonté propre, soient punis contre leur propre volonté? Dieu n'a donc pas predestiné en eux par sa puissance le mal qu'eux mesmes se deuoient faire par le desordre de leur volonté, mais

ce que

ce que son iuste & équitable iugement deuoit ordonner de leur malice. Car Dieu n'a rien predestiné que de iuste ; mais comme Dieu il a preueu les iniustices futures, & comme iuge, il en a predestiné la punition. Non toutesfois que sa prescience ou sa predestination ayt imposé à aucun des mauuais Anges ny des hommes impies, la necessité de mal faire, mais seulemẽt de souffrir des peines eternelles pour leur malice. A raison dequoy l'Escriture a bien suiet de luy dire, *Dieu* Dan.
eternel qui auez la connoissance des 13. 42.
secrets, & la veuë de toutes choses, auant mesme qu'elles soient au mon- Ecc. 23.
de! Et ailleurs elle dit ; *Car Dieu a* 29.
eû la connoissance de toutes choses auparauant qu'elles eussent l'estre, & apres qu'elles sont arriuées au comble

de leur perfection, il en a encore la veuë! Puis elle aioûte en vn autre
Ibi 39. 25. endroit; *Car il considere tout ce qui arriue de siecle en siecle, & il ne se trouue rien de nouueau en sa presence!* Il faut pourtant auoüer, qu'il s'en trouue parmy les impies & les damnez, qui n'ont pû euiter leur mal-heur, comme les enfans qui sont morts auec le peché d'origine, & n'ont pû estre secourus par le Baptesme; comme aussi ceux qui n'ont pas eû la connoissance de Dieu; ny le moyen de l'inuoquer, n'ayant pas creû en luy; ny le moyen de croire en luy, n'en ayant pas ouy parler; ny en ouyr parler sans predicateur, ny auoir de Predicateur, ne meritans pas qu'aucun leur fut enuoyé. Mais en tout cela il n'y a point d'iniustice en Dieu, parce que les vns

ont esté damnez à cause du peché originel, & les autres tant à cause du peché originel, que de l'actuel. En quoy neantmoins Dieu se montre par tout equitable Iuge, lors que de toute la masse du genre humain, que sa iustice pouuoit condamner pour la preuarication du premier homme, il choisit les vns par sa Bonté, pour en faire des vases de Misericorde, & permet que les autres deuiennent des vases d'ire par son iuste iugement. Que si l'on demande en quel lieu de l'Escriture la Predestination est prise en mauuaise part, il sera peut-estre assez difficile d'y trouuer le mot pris en ce sens; mais le sens du mot ne laisse pas de se rencontrer en plusieurs endroits euidemment; comme lors que le B. Apostre S. Iude parle des An-

Iud.6. ges rebelles; *pour les Anges*, dit-il, *qui n'ont pas maintenu leur principauté, mais ont abandonné leur domicile, Dieu les a reseruez pour les condamner au iour du iugement à des peines & à des tenebres eternelles*!
2.Thes. 2.3. Et l'Apostre parlant de l'Antechrist, *lors que paraîtra*, dit-il, *l'hõme de peché, le fils de perdition qui se declare ennemy & s'éleue au dessus de tout ce qui porte le nom de Dieu, ou est adoré comme Dieu*! Et vn peu
Ibid.8. apres il aiouste, *mais le Seigneur Iesus le fera mourir d'vn soufle de sa bouche, & le détruira par la splendeur de sa venuë*! Le mesme Seigneur parlãt du traître Iudas, lors qu'il prioit pour les Apostres; *per-*
Ioan. 17.12. *sonne*, dit-il, *d'entr'eux n'est pery que ce fils de perdition, pour accomplir la Prophetie de l'Escriture*! Et les mesmes Apostres prians pour

l'election de son successeur; *Seigneur*, dirent-ils, *découurez-nous qui vous choisissez des deux, pour prendre la place du ministere & la dignité de l'Apostolat, dont Iudas est décheu, afin d'aller au lieu qu'il a luy mesme merité!* Tel est le sentiment du Sage, quand il dit, *Dieu a creé toutes choses pour sa gloire, & mesme il a reserué l'impie au mauuais iour!* Il est aussi écrit au liure de Iob, que *le meschant est reserué au iour de ruine, & conduit au iour de fureur!* Et au liure de la sagesse, où Salomon parle de la ruine des Egyptiens; *Car*, dit-il, *c'estoit la fin où une iuste necessité les conduisoit!* Et Ieremie parlant aussi à Dieu de quelques impies; *Assemblez les*, dit-il, *comme un troupeau de victimes, & les preparez au iour du massacre!* Dans ce sentiment le Pro-

Act. 1. 24.

Prou. 16. 4.

Iob. 21. 30.

Sap. 19. 4.

Ier. 2. 2.

Amos. 6.3. phete Amos dit encore, *vous qui estes separez pour le mauuais iour, & approchãs du thrône d'iniquité!* L'Escriture en dit autant des libertins & des scelerats enfans d'Heli ; 1. Reg. 2. 25. *qu'ils ont fait la sourde oreille à la voix de leur Pere, parce que Dieu auoit resolu de les punir !* Enfin le Prophete parlant à ce Roy impie & à ce preuaricateur Amasias ; *Ie* 2. Par. 25.16. *sçay*, dit-il, *que Dieu a dessein de vous punir, parce que vous auez commis ce crime, & fait refus d'obeir à mes remonstrances !* Mais il faut se montrer si fidelle dans l'intelligence de tous ces passages, qu'on y reconnoisse l'iniquité, soit des Anges, soit des hommes reprouuez, & la Iustice inuiolable de Dieu iuste vangeur de leurs crimes. Il a predeterminé de reseruer les mauuais Anges pour les condamner à des peines eternelles; mais c'est sur la veuë & sur l'exigence de leur impieté, parce qu'ils n'ont pas maintenu leur ordre ny leur rang, comme ils ont pû faire par l'obeissance qu'ils ont deu rendre & par la fidelité qu'ils ont deu garder à Dieu. On a aussi préueu & mesme predit que Iudas seroit fils de perdition, & qu'apres le demerite de sa trahison dénaturée, il iroit au lieu qu'il auoit luy mesme choisi, c'est à dire qui luy estoit destiné & preparé dans les peines; mais en suite de la preuarication de son ministere & de son Apostolat. Ainsi ce n'est pas merueille, si l'on a prédit que l'Antechrist seroit fils de perdition, parce qu'on a préueu qu'il seroit homme de peché; & si l'impie est reserué au mauuais iour, au iour de fureur & de ruine, parce qu'on a preueu que luy mesme de son plain gré se porteroit à l'impieté. Pour la mesme raison les Egyptiens estoient conduits à la mort par la loy de la necessité du iugement de Dieu; mais ils n'en estoient que trop dignes, & tant pour leurs impietés que pour leur obstinatiō le ioug de cette necessité estoit tres-iuste. Tout de mesme, ceux, qui comme autāt d'animaux déraisonnables se sont déuoüez à la mort eternelle; car les impies qui l'ont appellée par gestes & par paroles, s'assemblent comme vn troupeau de victimes que l'on sanctifie, c'est à dire que l'on met à part en quelque façon, pour estre égorgées au mauuais iour, & mises à mort au iour du massacre. Ainsi les

les dénaturez enfans d'Heli, & Amasias ce Roy impie, ont esté au iugement de Dieu reputez indignes de prendre vne resolution salutaire, & Dieu les a preparez au massacre & à la ruine, mais c'est iustement qu'ils ont merité d'estre aueuglez & de perir en punition des impietez qu'ils ont commises, au rapport de l'Escriture. C'est pourquoy la mesme Escriture dit ces paroles, *Dieu a preparé pour le glaiue celuy qui passe de la iustice au peché!* Dieu a donc preparé & predeterminé ce transgresseur pour le glaiue, c'est à dire pour la mort & pour la punition; mais c'est iustement, parce que de son plein gré & de sa pure franchise il a passé de l'estat de la iustice à celuy du peché. C'est en ce sens que nous deuons

Eccl. 26 27.

prendre l'authorité diuine, & dire que Dieu par ſon iuſte iugement predeſtine des peines aux impies, & predeſtine les impies aux peines, mais non pas à l'impieté ny à la malice, dautant que par ſa bonté il eſt Autheur du bien, & non pas du mal, & par ſa iuſtice il eſt le vangeur des pechez, en telle ſorte que ſi les pecheurs viennent à ſe conuertir à luy, il leur fait grace & miſericorde. Cependant il faut remarquer, que ce mot de *predeſtination* eſt pris rarement en mauuaiſe part, tant en l'Eſcriture que dans les Peres, & qu'en ſuite il ne faut pas faire grãde inſtance ſur ſa ſignification.

En cinquieſme lieu, nous n'auons pas moins en horreur le zele furieux qui vous tranſporte contre ceux qui meritent la damnation eternelle, iusques-là que vous auancez qu'ils sont predestinez à la damnation auec autant d'infallibilité & d'immutabilité, que Dieu mesme est infallible & immuable ; & comme touché de compassion d'vn si grand malheur vous exhortez messieurs les Prelats à qui vous addressez vos lettres, de prescher aux peuples cette verité, que puis qu'ils ne peuuent euiter la damnatió predestinée, au moins ils s'humilient deuant Dieu & le coniurent de moderer vn peu la rigueur des peines qui les attendent. Mais, ie vous prie, où auez-vous iamais veû cela dans l'Escriture, & où l'auez-vous iamais trouué dans les saints Peres & docteurs de l'Eglise? Que n'exhortez-vous aussi les demons de prier

Dieu encore à preſent, qu'il modere la rigueur des peines eternelles qu'ils endurent ; puiſqu'il n'a pas eſté en leur pouuoir de les euiter ? ou quel auantage laiſſez-vous aux hommes, que vous enuelopez dans vn decret également irreuocable ? Or vne ſi horrible impieté eſt contraire à la creance de l'Egliſe, qui tient que la cheute des demons eſt ſans remede ; mais que la porte de l'indulgence eſt touſiours ouuerte aux hommes, meſmes aux impies, s'ils viennent à reconnoître leurs impietez, à les pleurer, à les confeſſer, & à implorer la miſericorde diuine. Car c'eſt ce que nous apprend le Prophete, & à quoy il nous exhorte, quand il
Iſa. 55. 7. dit, *Cherchez Dieu, tandis qu'on le peut trouuer, & l'inuoquez, tandis*

qu'il est proche! Que l'impie quitte ses impietez, & l'homme iniuste ses pensees mauuaises, qu'il retourne à Dieu, & Dieu luy fera misericorde, parce qu'il est grandement porté à pardon- Isa. 50.
ner! Et ailleurs il dit, *Qui a mar-* 10.
ché en tenebres, & n'a point receu de lumiere? qu'il espere au nom du Seigneur, & mette toute sa confiance en Dieu! Le mesme Seigneur dit par la bouche d'vn autre Prophete, *conuertissez-vous à* Mal. 3.
moy, & ie me conuertiray à vous, 7.
dit le Seigneur des armées! Et en vn autre endroit; *Retournez*, dit-il, *enfans, retournez, & ie gueriray*
vos auersions! Et ailleurs encore; Iere. 3
l'impieté de l'impie ne luy nuira 22.
point, des le iour qu'il se sera conuerty & aura quitté son impieté! Voila Ezech.
la creance & le sentiment de l'E- 33. 12.
glise, parce qu'elle sçait fort bien

que les demons demeureront dans leurs crimes, ſans en faire penitence, & ſans en receuoir l'abolition, qui eſt accordée aux hommes conuertis à Dieu par ſa bonté ineffable, & à qui par le remede de la Penitẽce, la porte du ſalut eſt ouuerte. Mais ie vous prie, dites-moy de grace, en quoy vous a deſobligé le genre humain, en quoy vous a offenſé l'Egliſe, & dans l'Egliſe tous vos parens & tous vos amis, pour vous efforcer de leur fermer vne ſi viſible & ſi grande porte de la miſericorde diuine? Qui a iamais parmy les Eccleſiaſtiques & les fideles preché ce que vous n'auez point honte de ſoûtenir auec vne telle obſtination? Certes ie ne croy pas que cette obſtination ſoit Chreſtienne; mais i'eſtime qu'elle est Payenne, & mesme diabolique, & que si vous en auiez vne serieuse & parfaite connoissance, vous feriez sans doute le signe de la croix sur vostre cœur, & mettriez la main sur vostre bouche. I'auoüe que nous lisons dans l'Euangile, que le bien-heureux Apostre & Euangeliste S. Iean dit des Iuifs; *Pour cette raison ils ne pouuoient croire, dautant que selon le Prophete leurs yeux estoient aueuglez & leur cœur endurcy!* Mais suiuant l'interpretation fidelle & Catholique de S. Augustin; par ces paroles, *ils ne pouuoient croire,* il faut entendre qu'ils ne vouloient pas: comme l'Apostre dit de Dieu mesme, *si nous ne receuons la Foy, il ne laisse pas de demeurer fidelle, il ne peut luy mesme se donner vn desaueu!* Voyez comme il

Ioan. 12.39.

Aug. Tract. 53. in Ioan.

2. Tim. 2. 3.

dit du Tout-puissant, *qu'il ne peut*. Côme donc c'est vne loüange à la volonté de Dieu, de ne se pouuoir donner vn desaueu à luy mesme, ainsi c'est la faute de la volonté de l'homme, de ne pouuoir receuoir la Foy. Non que les hommes ne puissent deuenir meilleurs & changer de vie; mais tandis qu'ils aurôt de la vanité & de hauts sentimés d'eux mesmes, ils seront incapables de receuoir la Foy, & de croire. C'est ce que Dieu a preueu des Iuifs, & l'a predit par son Prophete, qu'ils demeureroient dans leur aueuglement & dans leur obstination! Ils estoient donc incapables de receuoir la Foy, & de croire, selon le sens de ce tres-fidelle docteur, dautant que cette incapacité ou impossibilité future, ie veux dire

cette

cette superbe impieté qui leur a fait mepriser l'humilité de nostre Seigneur, a esté veritablement preueuë de Dieu, & predite par son Prophete. C'est pour quoy nous deuons fermer l'oreille à cette dureté inoüye & â ces paroles mal digerées, & l'ouurir plustost au mesme docteur qui fait vn discours fort doux & fort agreable, contre la vanité des discours profanes; Quelques vns, dit-il, sont deuenus superbes par la trop grande confiance de leur propre volonté, & d'autres negligens par la trop grande defiance de leur mesme volonté; ceux-la disent, pourquoy prios-nous Dieu, que nous ne soyons pas vaincus de la tentation, puis qu'il est en nostre pouuoir de la vaincre? Ceux-cy au contraire, pourquoy

Aug. Tract. 53. in Ioan.

nous efforçons-nous de bien viure, puiſque c'eſt choſe qui depend de DIEU? O Seigneur, O Pere qui eſtes aux cieux, ne nous laiſſez pas emporter à aucune de ces tentations, mais deliurez-nous du mal. Eſcoutons noſtre diuin maiſtre qui dit à S. Pierre en l'Euangile, *i'ay prié pour toy,*
Luc. 22 32. *afin que ta Foy ne manque point,* pour nous donner à entendre, que noſtre Foy ne depend pas tellement de noſtre franc-arbitre, qu'elle n'ayt beſoin de l'ayde & du ſecours de la Grace. Eſcoutons auſſi S. Iean qui dit du meſme Seigneur au commencement
Ioan. 1. 12. de ſon Euangile, *il leur a donné pouuoir d'eſtre enfans de Dieu,* afin de nous perſuader que noſtre creance eſt en quelque ſorte en noſtre pouuoir. Mais reconnoiſ-

sons en l'vn & en l'autre point, les biens qu'il nous fait. Car nous luy deuons rendre graces à raison du pouuoir qu'il nous donne, & le prier de ne point permettre que nostre fragilité succombe!

En sixiesme lieu, nous auons pareillement eû en horreur ce que vous dittes, que Dieu & les saints triompheront de ioye & seront comblez d'allegresse à la veuë de la perte de ceux, lesquels par de continuelles & importunes redites vous asseurez auoir esté predestinez à la damnation eternelle. Car l'Escriture est dans vn sentiment tout contraire, quand elle dit, *Dieu n'a point fait* Sap. 1.
la mort, & ne se réiouyt pas en la 13.
perte des viuans! Et ailleurs il dit Ezech.
par son Prophete; *moy qui suis* 33. 11.
viuant, dit le Seigneur, ie proteste

que mon dessein n'est pas que l'impie meure, mais plutost qu'il se conuertisse & qu'il viue! Et en vn autre endroit il dit encore, *Quoy donc! est-ce mon dessein que l'impie meure, dit le Seigneur, & non plustost qu'il se conuertisse de sa voye mauuaise, & qu'il viue?* Comment donc est il comblé d'allegresse à la veuë de la mort & de la damnation de l'impie, puisqu'il asseure mesme par serment, que ce n'est pas sa volonté ny son dessein? ou comment triomphe t'il de ioye à la veuë de la ruine de personne, luy qui n'a besoin du bon-heur, ny du malheur de personne, pour se rendre comme plus puissant, ou plus heureux? I'auouë que pour fortifier vostre sentimét, vous auez produit quelques tesmoignages de l'Escriture, mais

Ierem. 18.23.

mal à propos & à cótresens; comme est celuy-cy, *Et moy ie riray à l'heure de vostre mort, & me mocqueray de vous!* Prou. 1. 26. Et cét autre qui ne s'entend pas, comme vous dites, de la perte generale des impies, mais proprement de la misere & de la calamité des Iuifs infidelles; *comme Dieu se réioüissoit prenant plaisir à vous bien faire & à vous donner une nombreuse posterité, de mesme il se réioüira vous perdant & vous ruinant sans ressource!* Deut. 28. 63. Mais c'est chose grandement considerable, de voir comme Dieu se rit & se mocque à la mort des impies, comme il se réioüit à la veuë non seulement du profit des iustes, mais encore de la perte des pecheurs; luy, qui comme nous auons dit auparauant, ne se réioüit de la mort ny de la ruine de personne, & iure que ce n'eſt pas ſon deſſein ny ſa volonté qu'aucun periſſe, parce qu'il ne deſire nullement la mort de perſonne, comme s'il eſtoit ennemy de ſes creatures ; mais en celles qui periſſent, il n'aime que la fin de la malice, & l'ordre que ſa iuſtice eſtablit dans la peine qu'elle leur ordonne. Ainſi donc Dieu ſe rira & ſe mocquera à la mort des impies, lors que confondant leur ſuperbe & le mepris puniſſable qu'ils ont fait de ſes loix diuines, il fera voir que la vanité de la creature & l'inſolence qu'elle commet lors qu'elle s'éleue contre ſon Createur, eſt digne de mocquerie & de riſée. Auſſi à bien conſiderer ſes diuines paroles, il ne dit pas, ie me riray, & me mocqueray de voſtre mort ; mais à voſtre mort; non à la veuë, mais à l'heure vostre mort; c'est à dire, non à cause de la mort de ceux qui perissent par leur faute; mais à cause qu'à la veuë de la creature raisonnable & bien-heureuse, la peine iuste qu'ils ont meritée, donnera vn grand poids à la loüange & à la gloire du Createur, tous les éleus se réioüissans, non pas à cause des tourmens de ces miserables: mais à raison des iustes & équitables iugemens de Dieu. Ce qui est mesme accordé en cette vie aux ames fidelles, conformément à ces paroles du Roy Prophete; *Seigneur, les filles de Iuda se sont réioüyes à la veuë de vos iugemens!* Ce n'est donc pas à cause de la damnation de personne: mais à raison de l'équité de la Iustice Diuine. En ce sens on peut encore

Psal. 98.8.

Psal. 57.21.

prendre cét autre passage, *Le iuste se réiouyra lors qu'il sera témoin oculaire de la vangeance!* Et celuy du Sage qui dit; *La perte des impies sera vn suiet de louange à Dieu!* Or quand on dit que Dieu prend plaisir, ou à faire du bien aux iustes, ou à causer du mal aux impies, ce n'est pas qu'il soit suiet à diuerses affectiõs, luy dont la ioye non moins que l'essence, est eternelle & immuable, sans estre exposée aux changemens, ny aux ombres de vicissitude! Mais comme on dit que l'Esprit du Pere parle en ceux qu'il fait parler, qu'il instruit & informe, à fin de porter témoignage de la Verité; cõme on dit aussi qu'il demande, qu'il gemit & soûpire pour les Saincts, à cause qu'il inspire à ceux qui sont honorez de sa presence,

Prou. 11. 10.

ſence, le deſir de demander, de gemir, & de ſoûpirer. De meſme il ſe réiouyt dans les ames ſaintes qu'il honore de ſa preſence, lors qu'il les comble de ioye & d'allegreſſe, ou dans les dons de Grace qu'il fait aux iuſtes, ou dans les ordres de la Iuſtice qu'il exerce en la punition des impies. A raiſon dequoy, bien qu'à l'imitation de l'Apoſtre, le ſentiment de la nature les porte entant qu'hommes à s'en affliger, neantmoins par la cōduite de l'Eſprit de Dieu qui les gouuerne, ils ne ceſſent de loüer ſa iuſtice, & de glorifier ſes iugemens. Puis donc que les paroles Diuines ont beſoin d'vne ſi grande précaution, & incomparablement plus grande qu'on ne s'imagine, pour auoir quelque ſorte de ſens & d'intelligence, perſonne ne les doit legerement auancer pour luy, de peur qu'eſtant bien examinées, on ne les tourne contre luy-meſme.

En ſeptiéme lieu, voſtre procedé m'a depleû, principalement en deux choſes tres-importantes; l'vne, que vous dites tant de paroles outrageuſes aux Prétres & aux Prelats de l'Egliſe, & les traitez auec vn ſi grand mépris, & vne ſi haute inſolence, à la perſuaſion de l'eſprit d'erreur & de ſuperbe qui vous trompe malheureuſement, qu'il ſemble que vous ayez du tout mis en oubly la patience, la retenuë, & la moderatió Chreſtienne. Car entre-autres, vous ne faites point ſcrupule de traicter d'Heretiques, tous ceux qui par vn zele de la Foy s'oppoſent à la folie de vos ſentimens, & meſme de les appeller Rhabanistes, du nom d'vn vertueux, sçauant, & Catholique Prelat. Et vous n'auez point d'apprehension de la Iustice de Dieu, vous voyât tombé par vostre vanité & inconstance, par vostre curiosité & arrogance, dans de si grands pieges de l'ennemy! Et vous n'auez point de honte, voyant que tout le mõde vous surprend par tout en tant de faussetez & d'erreurs, & vous confond auec tât de zele! Et vous n'auez point de regret, voyant que depuis tât d'années que vous estes retranché du corps de l'Eglise par sentence d'excommunication, & priué de la compagnie, & de la consolation des Fidelles, vous demeurez comme vn tronc inutile, & vn bois aride destiné au feu! Mais on void méme que vôtre bouche est remplie de malediction & d'amertume, & que vostre langue estant deuenuë vn arc depraué, ne décoche pas ses traits pour Dieu, comme vous croyez, mais contre Dieu, méprisant par vne sacrilegue audace l'Eglise qui est vostre mere, & ses Prelats qui sont vos Peres. L'autre chose qui m'a grandement dépleû en vostre procedé, c'est qu'en toutes vos paroles, & en tous vos sentimens, vous ne priez personne hũblement à l'imitation des gẽs de bien, vous ne vous soûmettez au iugement, ny à l'authorité de personne, & vous ne dites pas ce que la Pieté dit, & doit souuent dire: ie vous prie, Monsieur, ou mon cher frere, s'il se rencontre quelque faute en mes discours, supportez ma fragilité, instruisez mõ ignorance, & vous éprouuerez mon obeïssance dans la promptitude que i'apporteray à receuoir de bon cœur tout ce que la verité daignera m'apprendre. Mais vous auez tant de confiance en vos sentimens, & faites tellement gloire de contempler la verité, que vous ne priez pas mesme Dieu dans vos escrits, qu'il luy plaise vous découurir, & vous inspirer ce qu'il iuge le meilleur. C'est pourquoy ie vous exhorte serieusement comme Pere, & vous auertis charitablemét, comme frere, de r'entrer en vous-mesmes, de vous conuertir à vostre cœur, de vous faire quitte de cét erreur pernicieux, & de ce trauail infructueux & inutile, & de retourner à la saincte Eglise vostre Mere; à l'obeïssance des Prelats, qui ſont vos Peres, & à l'vnion & charité de tous les Fidelles, qui ſont vos Freres; à fin qu'auec la Grace de Dieu, vous deueniez en ſa maiſon vn vaſe d'honneur & de ſeruice, prêt à toute ſorte de bons vſages, vous qui comme vn vaſe d'opprobre & d'ignominie, n'eſtes maintenant propre à choſe du monde. Et ne demeurez pas ſaiſi d'effroy ſur la conſideration de la cheûte que vous auez faite, ou des iniures que vous auez dites aux Prelats, comme ſi cela vous les deuoit rendre implacables. Car nous les prierons pour vous, & eux-mémes pour l'amour de noſtre Seigneur, mettront en oubly leurs iniures, & feront rauis de ioye & d'allegreſſe du bonheur de voſtre côuerſion. Croyez ſeulement ce que ie vous dis, &

ne differez point de sortir des mains, & des embûches de l'oiseleur, de peur qu'estant surpris de mort soudaine en cét estat, vous ne laissiez vn eternel regret à l'Eglise vostre Mere, à laquelle vous causez maintenant vne continuelle tristesse. Ie vous prie de croire que ces auis que ie vous donne, viennent d'vne veritable & sincere Charité que i'ay pour vous, & du seul desir de vostre salut; & si quelques paroles vous ont semblé vn peu rudes, & vn peu piquantes, ie proteste que ie ne les ay point dites pour vous confondre, ou pour vous condãner; mais seulement pour vous les mettre, comme dans vn miroir, deuant les yeux, vous en faire vous mesme le iuge, & en tirer, par vn prompt & serieux amandement, vostre profit. Car comme vous sçauez fort bien, les playes d'vn amy sont meilleures, que les baisers trompeurs d'vn ennemy ! Au reste, ie vous declare en peu de mots, que du temps des Souuerains Pontifes, Leon & Agapit, plusieurs Prelats ont tenu en France vn Concile venerable, & tres-vtile à l'Eglise, auquel a presidé le Bien-heureux Cesarius Euesque d'Arles, homme de merueilleuse saincteté pour ses vertus, & pour ses miracles, où il est certain que la question de la Grace de Dieu, & du Franc-Arbitre de l'homme, de la prescience, & de la Predestination Diuine, ayant esté traictée à fonds, & auec meure deliberation, on a definy ce qu'il en falloit croire, & comme il en falloit parler. En

voicy

voicy quelques paroles que ie mets à la fin de ceste Lettre, & pourront seruir de dernier auis à vostre Prudence; Nous croyons, c. 25.
disent les Peres, selon la Foy Catholique, qu'apres la reception de la Grace du Baptesme, tous les Fidelles, auec le secours & la cooperatió de la Grace, ont le pouuoir, & sont obligez, s'ils veulent trauailler fidellement, d'acomplir ce qui appartient au salut de leur ame. Mais tant s'en faut, que nous croyons que quelques-vns soient Predestinez au mal, par la Puissance Diuine, que si mesme il s'en trouue qui veulent tenir vne si mauuaise creance, nous leur disons Anatheme, & les auons en abomination & en horreur!

FIN.

www.ingramcontent.com/pod-product-compliance
Ingram Content Group UK Ltd.
Pitfield, Milton Keynes, MK11 3LW, UK
UKHW020414230726
13925UKWH00004B/1427

9 782014 091984